CATALOGUE

D'ESTAMPES

De l'École Française

ET

D'UNE·COLLECTION DE LIVRES

SUR LES BEAUX-ARTS

PROVENANT

Du Cabinet de feu M. R. D....

OEUVRE PRESQUE COMPLET D'ÉTIENNE DE LAUNE

Le **Peintre-Graveur** de Bartsch et le reste de l'édition du
Peintre-Graveur français

LA VENTE AUX ENCHÈRES PUBLIQUES AURA LIEU

HOTEL DES COMMISSAIRES - PRISEURS

Rue Drouot, 5

SALLE Nº 6, AU PREMIER ÉTAGE

Le Vendredi 11 Mars 1864

A DEUX HEURES PRÉCISES

Par le ministère de Mᶜ **VAUTIER**, Commissaire-Priseur,
boulevart de Sébastopol, 107 (rive droite),

Assisté de **M. CLEMENT**, Mᵈ d'Estampes de la Bibliothèque
Impériale, rue des Saints-Pères, 3,

EXPOSITION PUBLIQUE

Le Jour de la Vente, de midi à deux heures.

PARIS

RENOU & MAULDE

IMPRIMEURS DE LA COMPAGNIE DES COMMISSAIRES-PRISEURS
Rue de Rivoli, 144

1864

a Pr. de Baudicour
a propos de la vente
du 11 mars 1864

Monsieur,

Je regrette vivement la peine que vous avez prise de venir chez moi; Mon clerc devait se présenter chez vous.

Je vais lui recommander de vous remettre votre bordereau

Veuillez recevoir, monsieur, l'expression de mes sentiments distingués

f avril 1864.   Mr Naillet

Je crois qu'il y a eu erreur dans la somme que vous avez remise. D'après l'état de mon clerc, votre Bordereau ne s'élève qu'à 36 f 80
Je charge mon clerc de rectifier cela.

CATALOGUE

D'ESTAMPES

De l'École Française

ET

D'UNE COLLECTION DE LIVRES

SUR LES BEAUX-ARTS

PROVENANT

Du Cabinet de feu M. R. D..[......]

ŒUVRE PRESQUE COMPLET D'ÉTIENNE DE LAUNE

Le **Peintre Graveur** de Bartsch et le reste de l'édition du
Peintre-Graveur français

LA VENTE AUX ENCHÈRES PUBLIQUES AURA LIEU

HOTEL DES COMMISSAIRES - PRISEURS

Rue Drouot, 5

SALLE Nº 6, AU PREMIER ÉTAGE

Le Vendredi 11 Mars 1864

À DEUX HEURES PRÉCISES

Par le ministère de Mᵉ **VAUTIER**, Commissaire-Priseur,
boulevart de Sébastopol, 107 (rive droite),

Assisté de **M. CLEMENT**, Mᵈ d'Estampes de la Bibliothèque
Impériale, rue des Saints-Pères, 3,

EXPOSITION PUBLIQUE

Le Jour de la Vente, de midi à deux heures.

——✦——

PARIS — 1864

L'ordre des numéros sera suivi.

CONDITIONS DE LA VENTE

Elle sera faite au comptant.

Les Acquéreurs paieront en sus des adjudications CINQ pour CENT, applicables aux frais.

DÉSIGNATION

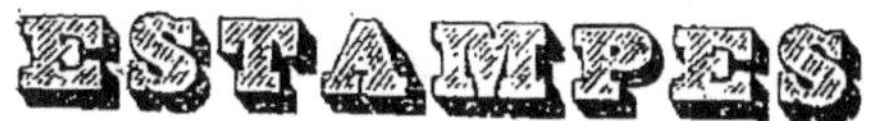

ESTAMPES

1 Estampe sur bois figurant quatre comparti-
ments dans lesquels on voit des hommes armés.
On lit au-dessus de chaque groupe en caractères
gothiques : *Bataille ronde. Bataille de pointe. Bataille de feu. Bataille de fourche.* Au bas se trouve
la croix de Lorraine, marque habituelle de Geoffroy Tory.

2 BARBIERE (Domenico del), *fiorentio. La Gloire.*
Estampe en hauteur, signée. On lit dans le haut
à gauche **Gloria**.

3 COUSIN (Jean). **La Mise au tombeau.**
Pièce gravée à l'eau-forte par le maître lui-même.
Estampe fort rare.

**4 — Saint Paul frappé sur le chemin de
Damas.** Estampe très-rare, gravée par Jean Cousin. Pièce anonyme.

DELAULNE (Étienne), peintre-graveur, né en 1519, mort le jour de la Pentecôte de l'année 1583.

5 **Allégorie sur les Sciences.** Sous un portique formé d'une traverse soutenue par deux piliers ornés chacun d'une statue en pied se voient sur le devant d'un monument en construction des mathématiciens occupés à mesurer avec le compas, à considérer les astres et à sonder la profondeur d'un puits. Très-beau dessin à la plume sur vélin d'une authenticité incontestable.

6 **La Bible.** Suite de trente-six pièces gravées avec grand soin. Superbes épreuves.

7 **Sujets de l'Ancien-Testament.** *Jacob. Laban. Sampson. Goliath. Hélie. L'Homme de Dieu. Abraam. Lot. Agar. Abraham. Rachel. Jacob. 1561.* Suite complète de douze pièces avant les numéros. 2° état.

8 — *Abraham. Lot. — Agar. Abraam. — Rachel. Laban. — Sampson. Hélie. 1561.* Huit sujets tirés sur quatre planches. 1er état. Épreuves de toute beauté.

9 **Le Serpent d'airain,** d'après Jean Cousin. Pièce capitale signé : 10. CVSIN. SEN. INVEN. *Cvm pri. Regis S. Fecit. Stephanus F.*

10 **Suzanne et les deux vieillards.** Estampe rare signée. *S. cvm privilegio regis.*

11 **Loth et ses filles,** d'après Lucca Penni. *Stephanus F. 1569.*

12 **Saint Paul frappé sur le chemin de Damas,** d'après Jean Cousin. Belle épreuve un peu rognée.

13 — La même planche, moins belle d'épreuve, mais complète, plus une autre épreuve en mauvais état, et deux copies; en tout quatre pièces.

14 **La Naissance de saint Jean.** La composition de cette estampe est attribuée à Jules Romain, la gravure passe pour être de la main d'Étienne Delaune. Planche capitale. Epreuve superbe. — Fragment d'une copie portant l'adresse de Bertelli.

15 **Sujets mythologiques.** Suite de dix-huit pièces ovales en hauteur. Belles épreuves avec marges.

16 **Mars et Vénus.** Estampe capitale du maître, signée. *S. cvm privilegio regis.*

17 **La mort d'Adonis.** Estampe rare, signée *S. cvm privilegio regis.*

18 **La mort d'Adonis.** Petite pièce en travers. 1569.

19 **Apollon et les Muses.** Estampe capitale. L'épreuve est doublée.

20 **Le Parnasse,** d'après Niccolo dell'Abbate. *Stephanvs F.* 1569.

21 **Sujets relatifs à l'histoire de Diane.** Suite de six pièces. 1er état avant les numéros. Epreuves superbes.

22 **Narcisse.** Petite pièce gravée, d'après le Rosso. 1569. — Une seconde épreuve de la même planche.

23 **Actéon changé en cerf.** On lit au bas : *cvm privilegio regis.* Pièce anonyme. Belle épreuve.

24 Actéon changé en cerf. Petite pièce ovale portant le monogramme de l'artiste.

X 25 **Figures des dieux.** Suite de six pièces avec deux titres différents sur lesquels on lit : *Johanni filio inven. Stephanus pater ætat. 60. fœliciter sculpsit. 1579.* Epreuves superbes. *ſes*

26 — Un second exemplaire de la même suite, avec un seul titre. Les épreuves sont beaucoup moins vigoureuses.

27 **Figures allégoriques.** *Bellvm.* — *Invidia.* — *Pax.* — *Abondantia.* Suite de quatre pièces. Epreuves avec marge.

28 — Les mêmes, moins l'Abondance. Epreuves sans marge.

29 — *Bellvm.* — *Pax.* — *Fames.* — *Abondantia.* 1575. Suite de quatre pièces. Superbes épreuves.

30 — *Divinitas.* — *Justicia.* — *Prudencia.* — *Temperancia.* — *Amicitia.* — *Liberalitas.* — *Scientia.* — *Manifisancia.* — *Magnanimitas.* Suite de neuf pièces. Belles épreuves.

31 — Neptune. Cérès. Mercure. Jupiter. Suite de quatre pièces anonymes, mais d'une authenticité incontestable.

X 32 **Compositions allégoriques.** Suite de vingt pièces non numérotées, plus un frontispice sur lequel on lit : *Stephanvs pater æt. 61. fœlicite sculpsit Ihoani filio invc. 1580 in Argentina.* *ſes*

X 33 **Les Sciences.** *Retoriqve.* — *Gramatiqve.* — *Mvsique.* — *Théoloyie.* — *Phisique.* — *Arismetiqve.* — *Géométrie.* — *Jvrisprvdence.* — *Astronomie.* —

Minerve. — Sapience. — Dialectiqve. 1569. Suite de douze pièces. Belles épreuves.

34 — Un second exemplaire de la même suite, également bien conservé.

35 **Les cinq sens.** *Avditvs. — Visvs. — Olfactvs. — Gvstvs. — Tactvs.* Cinq pièces. Le titre manque.

36 **Les quatre parties du monde.** *Evrope. — Asie. — Africca. — Americca.* 1575. Suite de quatre pièces.

37 **Les mois de l'année.** Suite de douze sujets encadrés dans des bordures au centre supérieur desquelles se voit le signe du zodiaque. Belles épreuves.

38 — Suite de douze pièces. Belles épreuves.

39 **Les sept planètes.** *Sol. — Lvna. — Mercvrivs. — Venvs. — Mars. — Jvpiter. — Satvrnvs.* Suite de sept pièces.

40 **Les âges de l'homme.** Enfance. — La puérilité. — Adolessance. — Jeunesse. — Le Viril. — Vieillesse. — Le Caduc. Suite de sept pièces numérotées, exécutées vraisemblablement d'après des dessins d'Etienne Delaulne. On lit au-dessous de la septième : *Parachevez de tailler et graver en Décembre 1580.* H F (en monogramme).

41 **Sujets historiques.** Suite de douze petits médaillons ovales et ronds; ils sont tirés deux par deux et plusieurs portent le monogramme avec le privilége. Superbes épreuves avec marges.

42 — Un second exemplaire de la même suite. Les épreuves sont rognées.

43 **Histoire de Jonas.** Suite de quatre pièces.

44 **La mort de Lucrèce,** d'après Lucca Penni. 1569. *Jvratvr Lvcretiæ vindica, inde expellvntvr reges.*

45 **Les quatre chefs des anciennes monarchies.** *Asiria. — Persia. — Græcia. — Roma.* Suite de quatre pièces.

46 **Sujets du Paganisme.** Suite de douze pièces de forme ovale. Elles sont toutes signées du graveur. Belles épreuves.

47 **Sujets de genre.** Une Danse. — Un Pêcheur. — Un Oiseleur. — Un Berger jouant de la musette. Un Chasseur. — Une Bergère filant. Six pièces ovales.

48 **Sujets variés.** 1567. Suite de six pièces représentant des épisodes de l'Histoire sacrée et profane.

49 **Combats et Triomphes.** Suite de douze pièces signées pour la plupart : *Stephanus fecit.* Superbes épreuves avec marge.

50 **Combats.** Deux pièces en travers portant le monogramme de l'artiste.

51 **Les petits Combats.** Suite de quatre pièces portant l'initiale du maître. On lit sur l'une d'elles : *Cum pri. regis.*

52 **Sujets de chasse.** Suite de six pièces. Belles épreuves avec marge.

53 **Cavaliers romains.** Suite de six pièces datées de 1567.

54 — Trois estampes inspirées des pièces mentionnées ci-dessus, et signées des lettres A. d. B. enlacées et portant la date de 1569.

55 **Sacrifices.** Deux pièces anonymes, mais gravées certainement par Etienne Delaune.

56 **Le Nil.** Petite pièce d'après Franc. Primatice, S^{te} f.

57 **AYAX TELAMONIVS.** Profil casqué dans une bordure ovale. Superbe épreuve. Elle est rognée.

58 **Franciscus, dux a Guisia.** Superbe épreuve de ce portrait anonyme. Estampe rare.

59 **Portrait de Henri II.** Le roi est représenté en buste; il est vu de 3/4 dirigé vers la gauche, dans une bordure ovale sur laquelle on lit : *Henricvs II. Galliarum Rex.* Jolie épreuve rognée.

60 — *Henricvs II. Galliarvm Rex.* Superbe épreuve de cette estampe fort rare.

61 **Portrait d'Ambroise Paré.** Superbe épreuve du premier état. On lit seulement, en haut dans le coin à gauche : *Anno Ætatis 72. 1582. S. F.*

62 — Second état. Outre l'inscription rapportée ci-dessus, on lit à la droite du haut trois lignes de texte commençant par ces mots : *Humanam Ambrosii.....* On joindra à ce numéro une copie gravée par Giulli Hondeck.

63 **Les ateliers de l'orfèvre.** Deux pièces signées *Stephanus f. in Augusta* et portant la date 1576. Ces deux pièces fort rares pourront être vendues séparément.

64 **Les Miroirs.** Suite de six pièces. Ces estampes très rares sont parfaitement conservées et ont toute leur marge. Epreuves superbes.

65 **Écrans**. *Julia. Medea.* Ces deux pièces portent la date 1561. Charmantes épreuves de ces planches fort rares.

✱ 66 **Fonds de Coupes**. Deux pièces d'un excellent goût. Estampes très-rares. ſes

✱ 67 **Revers de Médailles**. Charmante suite de neuf pièces. la plupart avec marge. ſes. Épreuves superbes.

68 **Damasquinure**. Cinq planches de formes variées. On lit sur la première : *Johani filio inven. Stephanvs pater, ætatis 60 feliciter scvlpsit.* 1579.

69 **Arabesques sur fond blanc**. — Les Arts libéraux. — *Retoriqve.* — *Dialectiqve.* — *Théologie.* — *Jvrisprvdence.* — *Astronomie.* — *Phisiqve.* Suite de six pièces signées : *Cum privilegio Regis. Stephanvs F.*

70 **Arabesques sur fond noir**. — Les Sciences. — *Géométrie.* — *Astrologia.* — *Arqvitraictvre.* — *Musiqve.* — *Aritmetiqve* — *Perspectiva.* Suite de six pièces en hauteur signées : *Cum privilegio regis. Stephanvs F.* Superbes épreuves avec marge.

71 — Un second exemplaire de la même suite. Les épreuves sont moins vigoureuses.

72 — Suite de six pièces en largeur signées : *Cvm privilegio Regis Stephanvs F.*

73 — Un second exemplaire de la même suite.

74 — Suite de trois pièces. L'une d'elles, de forme ronde, tandis que les deux autres sont ovales en hauteur, représente Léda et le cygne. Superbes épreuves avec marge.

75 — Un second exemplaire de la même suite. Les épreuves sont rognées.

76 — Suites de quatre pièces ovales en hauteur, signées : *Cvm pri. Regis Stephanvs F.*

77 — Suite de cinq pièces ovales en hauteur, signées : *Cvm pri. Regis Stephanvs F.*

78 — Un second exemplaire de la même suite. Trois épreuves sont sans marge.

79 — Suite de six pièces en hauteur signées : *Cvm privilegio Regis Stephanvs fecit.*
Superbes épreuves avec marge.

80 — Un second exemplaire de cette même suite ; il est privé de marge.

81 — Suite de quatre pièces ovales en hauteur, signées : *Cvm pri. Regis Stephanvs F.* La même suite est déjà cataloguée sous le n° 76.
Superbes épreuves avec marge.

82 **Copies d'estampes anciennes.** Suite de huit pièces gravées avec soin d'après le *Martyre de sainte Félicité*, le *David* de Marc-Antoine Raimondi, la *Léda* de Michel-Ange, etc., etc. Belles épreuves.

83 **Bas-relief antique.** Pièce signée *Stefanvs f.* Elle porte la date 1570.

84 **Les trois Grâces.** Copie d'une estampe de Marc-Antoine Raimondi, reproduisant un marbre antique : *Sic. Rome carites nivco ex marmore sculp. S.*

85 — Copie d'une estampe de Marc-Antoine Raimondi, reproduisant une peinture de la Farnésine. Pièce anonyme.

86 **Vénus s'essuyant.** Copie d'une estampe de Marc-Antoine Raimondi. Pièce anonyme.

87 **Le Massacre des Innocents.** Copie de l'estampe de Marc-Antoine Raimondi.

88 **L'Enlèvement d'Hélène.** Copie anonyme de l'estampe de Marc-Antoine Raimondi.

89 **Bas-relief antique.** Copie d'une ancienne estampe italienne.

90 Sous ce numéro seront vendues quatorze pièces doubles faisant partie de suites cataloguées précédemment.

91 **DELAUNE** (Pièces attribuées à Étienne). — **Médaillons historiques.** Vingt-six pièces de différentes formes et de dimensions variées. Quelques-unes sont en double avant et avec les numéros. Ces planches ont été également attribuées à Jacques Androuet Ducerceau.

92 **École de Fontainebleau.** Vingt-six pièces gravées par des artistes anonymes, d'après Fr. Primatice et autres.

93 **GOURMONT** (Attribué à Jean de). **Charles, cardinal de Lorraine.** *Carolus cardinalis a Lotharingia.* On lit sur une feuille à demi roulée au bas du fauteuil : *Anº Dni* 1575. *Ætat.* 50.

94 **PATER** (Attribué à J.-B.). **Halte de troupes.** Estampe rare.

95 **PESNE** (Jean). **Le père Jean Damascène.** Pièce non décrite par M. Robert-Dumesnil.

96 **RABEL** (Attribué à Daniel). **Pierre de Brach.** Charmant portrait dans une bordure ovale. Épreuve superbe.

97 **TIRY** (Léonard). **Vertumne et Pomone.**
Belle épreuve d'une pièce rare.

98 Sous ce numéro seront vendues diverses estampes
de l'École française non cataloguées.

———

99 Sous ce numéro seront vendues soixante médailles
que le temps n'a pas permis de cataloguer. Cet
article sera divisé.

LIVRES

100 Brulliot. Dictionnaire des monogrammes. Munich,
1832-34; 3 vol. in-4, d.-rel.

101 Le Peintre-Graveur, par Adam Bartsch. Vienne,
1802-1821; 21 vol. in-8, d.-rel. v.

102 Des types et des manières des maîtres-graveurs
pour servir à l'histoire de la gravure, par M. Jules
Renouvier. Montpellier, 1853-1856; 4 parties in-4,
broch.

103 Archives de l'art français. Publiées sous la direc-
tion de Ph. de Chennevières. Paris, 1851-1860;
6 vol. in-8, d.-rel.

104 Abecedario de P.-J. Mariette. Publié par Ph. de
Chennevières et A. de Montaiglon. Paris, 1851-
1860; 6 vol. in-8, d.-rel.

105 Le peintre-graveur français, continué par
M. Prosper de Baudicour. Paris, 1859-1861 ;
2 vol. in-8, broch.

106 Catalogue de l'œuvre d'Abraham Bosse, par
Georges Duplessis. Bruxelles, 1859; in-8. br.

107 Recherches sur la vie et les œuvres de Jacques
Callot, par Edouard Meaume. Paris, 1860; 2 vol.
in-8, d.-rel.

108 — Exemplaire imparfait de l'ouvrage précédent.

109 Catalogue raisonné de l'œuvre de Claude Mellan,
par Anat. de Montaiglon. Abbeville, 1856; in-8.
broch.

110 Catalogue de toutes les estampes qui forment
l'œuvre de Rembrandt et ceux de ses principaux
imitateurs, par Adam Bartsch. Vienne, 1797; 2 vol.
in-8, port., d.-rel.

111 Notice sur les Tardieu, les Cochin et les Belle, gra-
veurs et peintres, par Alexandre Tardieu. Paris,
1855 ; broch. in-8.

112 Geoffroy Tory, peintre et graveur, par Auguste
Bernard. Paris, 1857; in-8 broch. Exemplaire en
grand papier.

113 Antoine Vérard, par Aug. Bernard. Paris, 1860;
in-8. — Henri de Gissey, par A. de Montaiglon.
Paris, août 1854; in-8. Deux broch. in-8.

114 Catalogue des ventes d'estampes de M. Robert-
Dumesnil. 20 broch. in-8. (La plupart avec prix.)

115 Catalogue général des ventes publiques de ta-
bleaux et estampes...., par P. Defer. 1re partie. —
Estampes. — 1re livraison. Paris, 1863 ; in-8,
broch.

116 Cabinet de M. H. de L. (His. de Lassalle). Avril, 1856, in-8. — Cabinet de feu M. Simon. Mars, 1862, in-8. — Catalogue des estampes de M. Van den Zande. Avril, 1855; in-8. Trois vol. in-8, broch.

117 Catalogue raisonné des estampes du cabinet du comte Rigal, par F.-L. Regnault Delalande. Paris, 1817; in-8 (prix), d.-rel.

118 Catalogue des poinçons, coins et médailles du musée monétaire de la Commission des monnaies et médailles. Paris, 1833; in-8, broch.

119 Collection archéologique du prince Pierre Soltykoff. — Horlogerie, par Pierre Dubois. Paris, 1858; in-4, fig., broch.

120 Essay de Psaumes et Cantiques mis en vers et enrichis de figures par Mlle *** (Chéron). Paris, 1694; in-8, fig., v. br. (Le portrait de Mlle Chéron est avant la lettre.)

121 La Vie de Jésus-Christ, par l'abbé de Saint-Réal. Paris, 1686; in-4, fig. par Ant. Masson.

122 OEuvres de Molière, avec un Commentaire par M. Auger. Paris, 1819-1825; 9 vol. in-8, v. pl.

123 Fables de La Fontaine. Paris, Didot l'aîné, an VII; 2 vol. in-8, veau.

124 Catalogue des estampes des écoles allemande, flamande, hollandaise et anglaise, colligées par M. A.-P.-F. Robert-Dumesnil. Paris, 1837; in-8. (*Dix-neuf exemplaires.*)

125 Catalogue des estampes des écoles d'Italie et d'Espagne...., colligées par M. A.-P.-F. Robert-Dumesnil. Paris, 1838; in 8. (*Vingt exemplaires*).

126 Le Peintre-Graveur français, par M. Robert-Dumesnil. Paris, 1835-1850; 8 vol. in-8.

Soixante-cinq exemplaires de l'ouvrage complet, plus deux cent cinquante-quatre volumes dépareillés. On vendra, en même temps que le reste de cette édition, l'exemplaire que M. Robert-Dumesnil avait annoté en vue d'une réimpression prochaine et un certain nombre de notes manuscrites pouvant fournir la matière d'un neuvième volume (1).

(1) Pour éviter toute confusion dans les notes mentionnées ci-dessus, nous devons prévenir les amateurs désireux de s'assurer par eux-mêmes de l'intérêt qu'elles présentent, qu'ils pourront s'adresser directement à M. Alex. Robert-Dumesnil fils, rue du Val-de-Grâce, n° 9, qui leur en donnera communication les trois jours qui précéderont la vente, de dix heures à midi.

— On mettra sur table, avant le n° 100, quelques ouvrages non catalogués qui seront vendus en lots.

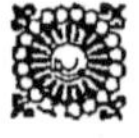

RENOU et MAULDE, imprimeurs de la Compagnie des Commissaires-Priseurs, rue de Rivoli, 144.   29656

hez Mr Vautier — Sebastopol droite 107

Note du 11 mars

n° 1er   Bain   1
n° 8   Sujets ancien testament   10
n° 28 et 29 figures allégoriques   — 4 — 50
n° 50   Combats   15 50
n° 57   Ajax   4 50
                                  ____
                                     35 — 50
                              frais — 1 80
                                  ____
                            restant — 37 — 30

Payé

(Pr. de Baudicour)